TRUST

Trust

Trust in the **Lord**

Trust in the Lord

with all your **heart**

Trust in the Lord
with all your **heart**

and **lean** . . .

Trust in the Lord
with all your **heart**
and **lean** *not*

on your own
understanding

Trust in the Lord with all your **heart**
and **lean** *not*
on your own understanding;

in all your ways

Trust in the Lord
with all your **heart**
and **lean** *not*
on your own understanding;
in all your ways

Trust in the Lord
with all your **heart** and **lean** *not*
on your own understanding;
in all your ways
submit to him,
and **he will make**

and **he will make**

your paths straight.

Proverbs 3:5–6

T_____ in the _____
with all ____ _____
and ____ ___ on your ___
_____;
in all ____ ___
_____ to ___,
and __ will make
your _____ _____.

Proverbs _:_-_

Certificate of Memorization

_____

(NAME)

memorized Proverbs 3:5–6
on

_____

(DATE)